AF430564